1

Gleich geht das Spiel los! Vorher wirft der Schiri eine Münze in die Luft. Weißt du, warum?

A ☐ Wer sie auffängt, darf sie behalten.

B ☐ Er macht ein kleines Kunststück zur Auflockerung.

C ☐ So wird ausgelost, wer auf welcher Hälfte spielt und welches Team Anstoß hat.

2

Wie viele Spieler sind bei einem Fußballspiel insgesamt auf dem Spielfeld?

A ☐ 20

B ☐ 22

C ☐ 15 ½

3

Wie lange dauert ein Fußballspiel?

A ☐ 99 Minuten

B ☐ 90 Minuten

C ☐ 9 Minuten

1

Gut verteidigt! Ayse kann gerade noch ein Tor verhindern und kickt den Ball über die Torlinie ins Aus. Was folgt jetzt?

A ☐ Ein Einwurf

B ☐ Der Schiedsrichter legt den Ball auf den Mittelpunkt und bringt ihn so wieder ins Spiel.

C ☐ Eine Spielerin der angreifenden Mannschaft führt einen Eckstoß aus.

2

Ferdinand ruft Elias zu: „Pass zu mir!" Super Idee, findet Elias. Aber was bedeutet das eigentlich?

A ☐ Elias spielt den Ball Ferdinand direkt vor die Füße.

B ☐ Er wirft Ferdinand den Ball mit der Hand zu.

C ☐ Elias bringt Ferdinand seinen Reisepass.

In diesen Tormaschen stecken 11 Fußballwörter.

Findest du alle? Kreise ein!

S	P	A	N	P	F	I	F	F
P	O	K	A	L	Ü	G	Z	O
I	T	Ö	B	A	L	L	P	U
E	T	Z	S	T	O	R	A	L
L	E	H	E	V	T	I	S	A
F	R	E	I	S	T	O	S	S
E	Q	S	T	Ü	R	M	E	R
L	E	R	S	M	O	D	I	X
D	Ä	E	I	N	W	U	R	F

1

Mit welchem Körperteil dürfen die Feldspieler den Ball auf dem Spielfeld nicht berühren?

A ☐ Mit der Hand
B ☐ Mit dem Kopf
C ☐ Mit dem Knie

2

Wie nennt man die hervorstehenden Teile an der Sohle der Fußballschuhe?

A ☐ Stollen
B ☐ Poller
C ☐ Stacheln

3

Und die langen Strümpfe heißen ...

A ☐ Stocken.
B ☐ Stutzen.
C ☐ Stützen.

1

Der Schiedsrichter wird vom Ball getroffen. Der Ball prallt ab, ein gegnerischer Spieler bekommt ihn und zimmert ihn ins Tor. Zählt der Treffer?

- A ☐ Nein. Der Schiedsrichter hat die Spielsituation verändert, darum zählt das Tor nicht.
- B ☐ Ja. Auf dem Spielfeld ist der Schiri „Luft“ und beeinflusst das Spiel nicht.
- C ☐ Das wird durch Münzwurf entschieden.

2

Der Ball rollt über die Seitenlinie ins Aus. Einwurf! Wie führt Sabrina ihn richtig aus?

A ☐ B ☐ C ☐

Weißt du, welche Namen die Linien und Bereiche auf dem Spielfeld haben? Ordne sie zu!

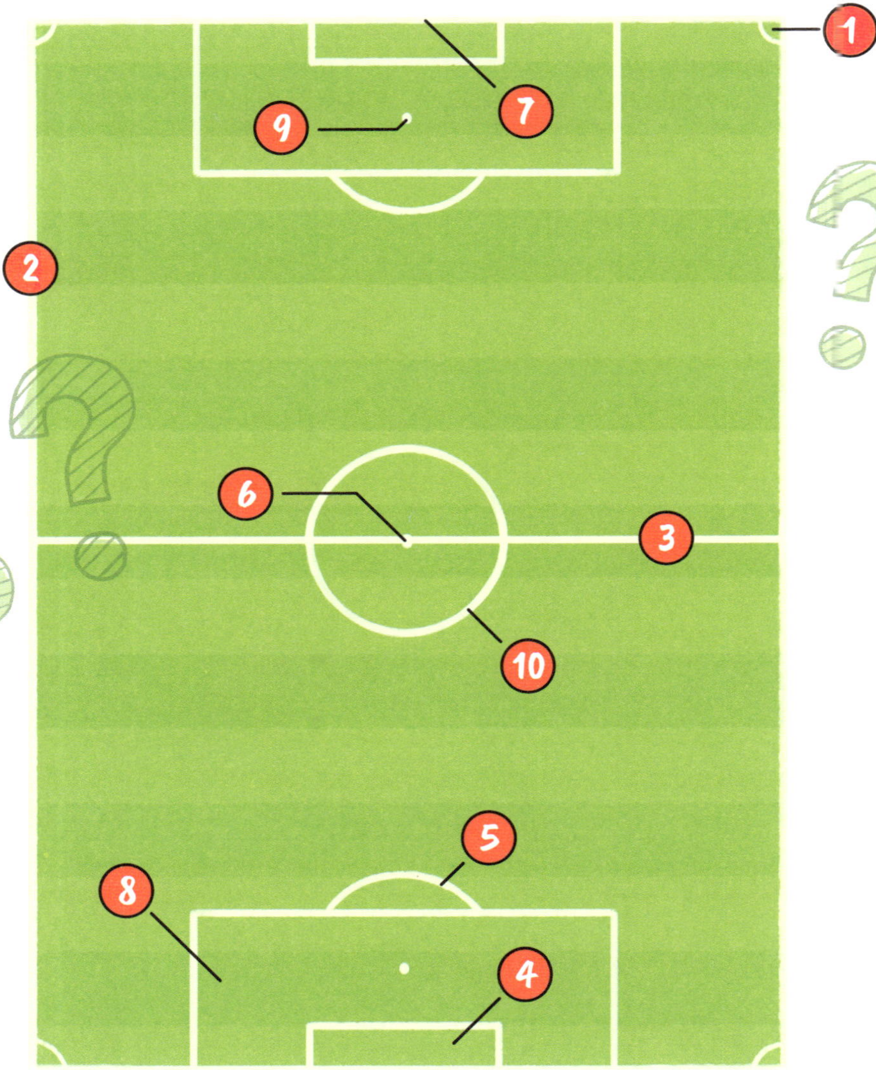

- ☐ Mittellinie
- ☐ Seitenlinie
- ☐ Torlinie
- ☐ Mittelkreis
- ☐ Mittelpunkt
- ☐ Torraum
- ☐ Strafraum
- ☐ Strafkreis
- ☐ Eckbereich
- ☐ Elfmeterpunkt

1

Jetzt wird's aber Zeit, dass Igor auch mal ins Spiel kommt. Der Trainer will ihn …

A ☐ … abwechseln.
B ☐ … einwechseln.
C ☐ … auswechseln.

2

**Foul im Strafraum!
Was pfeift der Schiedsrichter?**

A ☐ Strafstoß!
B ☐ Tor!
C ☐ Halbzeit!

3

Wie wird ein Strafstoß auch genannt?

A ☐ Zwölfmeter
B ☐ Elfmeter
C ☐ Elfzentimeter

1

Abseits – was ist das genau?

A ☐ Die Auswechselspieler, die neben dem Spielfeld sitzen, befinden sich im Abseits.

B ☐ Zwischen dem angreifenden Spieler, dem der Bal zugespielt wird, und der Torlinie müssen sich mindestens zwei Abwehrspieler befinden. Sonst ist der Angreifer im Abseits.

C ☐ Der Schiedsrichter darf nicht mitspielen, er ist im Abseits.

2

Auf welchem der Bilder ist eine Abseitssituation zu sehen?

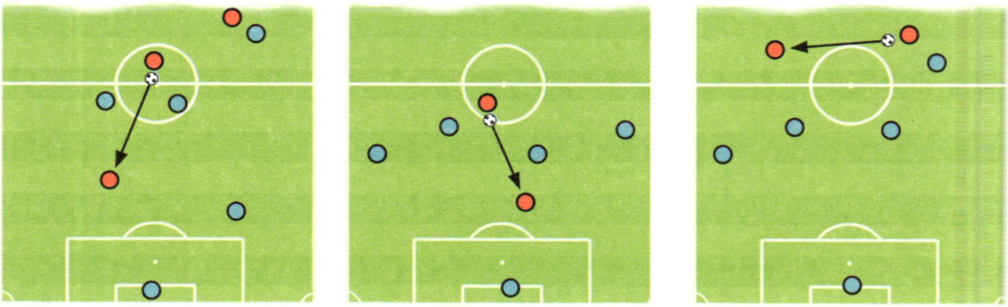

A ☐ B ☐ C ☐

1

Was ist wichtig bei der Abseitsregel?

A ☐ Wenn der Schiedsrichter Abseits pfeift, muss der betroffene Spieler immer kräftig meckern.

B ☐ Der betroffene Spieler bekommt die Rote Karte.

C ☐ Es zählt der Moment, an dem der Ball den Fuß des zuspielenden Spielers verlässt – das ist häufig schwierig zu sehen.

2

Warum gibt es die Abseitsregel überhaupt?

A ☐ Sonst könnten sich die ganze Zeit viele Spieler vor dem gegnerischen Tor aufhalten und auf eine Torchance lauern. Das wäre langweilig.

B ☐ Je mehr Regeln, umso besser.

C ☐ Damit sich alle mal so richtig aufregen können!

3

Das war Abseits! Was pfeift der Schiedsrichter?

A ☐ Er bricht das Spiel ab.

B ☐ Elfmeter

C ☐ Indirekten Freistoß

1

„Pit, denk an die Manndeckung!", ruft der Trainer auf den Platz. Was soll Pit machen?

- A ☐ Die Auswechselspieler mit einer Decke zudecken.
- B ☐ Den Gegnern die Sicht verdecken.
- C ☐ Eng bei einem bestimmten Spieler des gegnerischen Teams bleiben und ihn so daran hindern, den Ball zu bekommen.

2

Was für ein Tor! Begeistert zieht Torschütze Heini sein Trikot aus und macht einen Salto. Danach sieht er …

- A ☐ … Sternchen, weil ihm schwindelig ist.
- B ☐ … einen applaudierenden Schiedsrichter.
- C ☐ … die Gelbe Karte wegen übertriebenen Torjubels.

Jeder Spieler hat auf dem Platz eine bestimmte Aufgabe.

Welche Positionen gibt es? Bringe die Buchstaben in die richtige Reihenfolge.

1

Wie häufig werden Fußballweltmeisterschaften ausgetragen?

A ☐ Alle zwei Jahre
B ☐ Alle vier Monate
C ☐ Alle vier Jahre

2

Welches Damen-Nationalteam hat die WM mit vier Siegen bislang am häufigsten gewonnen?

A ☐ Holland
B ☐ USA
C ☐ Österreich

3

Welches Herren-Nationalteam hat die WM mit fünf Siegen bislang am häufigsten gewonnen?

A ☐ Brasilien
B ☐ England
C ☐ Spanien

1

Damit ein Tor gegeben wird, muss …

A ☐ … der Ball die Torlinie berührt haben.

B ☐ … der Ball vollständig hinter der Torlinie sein.

C ☐ … der Schiedsrichter gute Laune haben.

2

Das war ein grobes Foul! Der Schiri zeigt Olivia die Rote Karte. Oh nein – jetzt muss …

A ☐ … der Trainer Olivia auswechseln.

B ☐ … Olivia sich bei der Gegenspielerin entschuldigen, dann darf sie weiterspielen.

C ☐ … Olivia vom Platz gehen und die Mannschaft hat eine Spielerin weniger.

Auf zum Stadion! Welchen Weg muss der Fan nehmen?

Zeichne den Weg nach und notiere dir die Buchstaben:
Finde so heraus, in welchem Land es 1863 die ersten offiziellen Fußballregeln gab!

ZIEL

START

Lösung: ______________________

1

Ein anderes Wort für Verteidigung ist …

A ☐ … Defensive.
B ☐ … Versteck.
C ☐ … Offensive.

2

Foul!!! Nein, doch nicht. Der Spieler hat sich extra auf den Boden geworfen, um ein Foul vorzutäuschen. Das nennt man …

A ☐ Schwalbe
B ☐ Ente
C ☐ Blödsinn

3

Wenn es kleine Unterbrechungen gab, wird die Zeit am Ende der Halbzeit nachgeholt. Wie nennt man das?

A ☐ Nachspielzeit
B ☐ Zusatzzeit
C ☐ Überspielzeit

1

Die Schiedsrichterin gibt einen indirekten Freistoß. Was bedeutet das?

A ☐ Der Ball muss ruhig liegen, der ausführende Spieler spielt den Ball, darf ihn aber nicht direkt aufs Tor schießen.

B ☐ Der Ball wird in die Luft geworfen und muss mit dem Kopf aufs Tor gespielt werden.

C ☐ Der Ball wird von der Seitenlinie aufs Tor geworfen.

2

Handspiel! Wie wird der nun folgende direkte Freistoß ausgeführt?

A ☐ Ein Einwurf wird direkt aufs Tor geworfen.

B ☐ Direkten Freistoß gibt es doch gar nicht.

C ☐ Der ausführende Spieler darf den ruhenden Ball direkt aufs Tor schießen.

Auf welchen vier Bildern ist ein Foul zu sehen? Kreise ein!

1

Wie heißen die beiden seitlichen Begrenzungen des Tores?

A ☐ Vollpfosten
B ☐ Stöcke
C ☐ Pfosten

2

Wie nennt man die obere Begrenzung des Tores?

A ☐ Latte
B ☐ Schranke
C ☐ Brett

3

Wie groß ist ein Tor bei offiziellen Spielen?

A ☐ 7,32 m breit und 2,44 m hoch
B ☐ 2,44 m breit und 7,32 m hoch
C ☐ Das hängt von der Größe des Torwarts ab.

1

Melissa hat Elli geschubst. Was passiert nun?

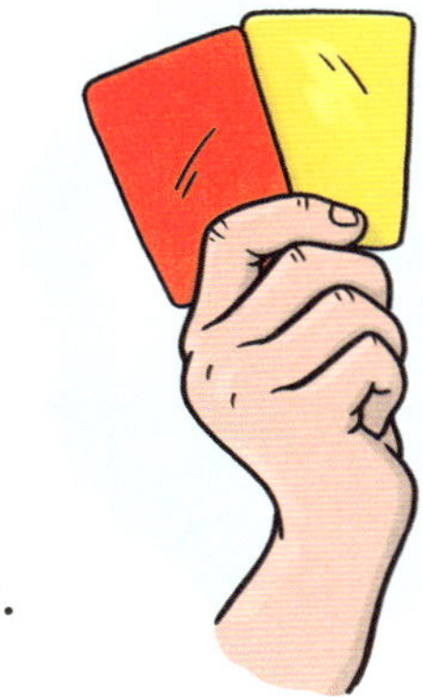

A ☐ Melissa bekommt vom Schiedsrichter die Gelbe Karte.

B ☐ Elli bekommt die Gelbe Karte.

C ☐ Der Schiri pfeift nichts, verdreht aber genervt die Augen.

2

Kurze Zeit später schubst Melissa Elli zum zweiten Mal heftig zur Seite. Was macht der Schiedsrichter?

A ☐ Er zeigt Melissa die Grüne Karte.

B ☐ Er zeigt Melissa erst die Gelbe, dann die Rote Karte. Die gibt es automatisch bei der zweiten Gelben Karte.

C ☐ Er tröstet Elli.

1

Wer kümmert sich in Bundesligavereinen um die Ausrüstung der Spieler?

A ☐ Der Zeugwart oder die Zeugwartin

B ☐ Ein fleißiger Hauself

C ☐ Der Trainer oder die Trainerin

2

Wie wird der Torwart noch genannt?

A ☐ Ballhalter

B ☐ Türsteher

C ☐ Keeper

3

„Spiel den Ball vom Rand in die Mitte", ruft die Trainerin. Was soll Ronja also spielen?

A ☐ Eine Flanke

B ☐ Eine Kurve

C ☐ Einen Freistoß

1

Was ist Futsal?

A ☐ Eine Fußverletzung: „Ich hab voll Futsal."
B ☐ Ein Müsliriegel für Sportler:
„Einmal Futsal, bitte."
C ☐ Die offizielle Art, Hallenfußball zu spielen:
Im Futsal gibt es sogar Weltmeisterschaften!

2

Was müssen die Spieler der gegnerischen Mannschaft machen, bevor ein Freistoß ausgeführt wird?

A ☐ Sie müssen sich mindestens
9,15 m vom Ball entfernen.
B ☐ Sie müssen dem Schützen
ein kurzes Lied vorsingen.
C ☐ Sie müssen dem Schützen
den Rücken zukehren.

Was drückt der Schiedsrichter mit diesen Gesten aus? Verbinde die Schiedsrichterzeichen mit den dazu passenden Strafen.

Eckball

Direkter Freistoß

Indirekter Freistoß

Strafstoß

1

**Endlich Europameisterschaft!
Wie viele Mannschaften treten an?**

- A ☐ Das steht noch nicht fest.
- B ☐ 32
- C ☐ 24

2

Wie häufig werden Europameisterschaften ausgetragen?

- A ☐ Alle 4 Jahre
- B ☐ Alle 5 Jahre
- C ☐ Alle 10 Jahre

3

Wie lautet ein anderes Wort für „Endspiel"?

- A ☐ Randale
- B ☐ Finale
- C ☐ Sandale

1

Mehr als 55 Mannschaften wollten bei der Europameisterschaft mitspielen. Wie wird festgelegt, welche Teams tatsächlich teilnehmen werden?

A ☐ Es werden sogenannte Qualifikationsspiele ausgetragen, bei denen nach bestimmten Regeln entschieden wird, wer weiterkommt.

B ☐ Die Trainer treten im Schnick-Schnack-Schnuck gegeneinander an.

C ☐ Die reichsten Mannschaften sind dabei.

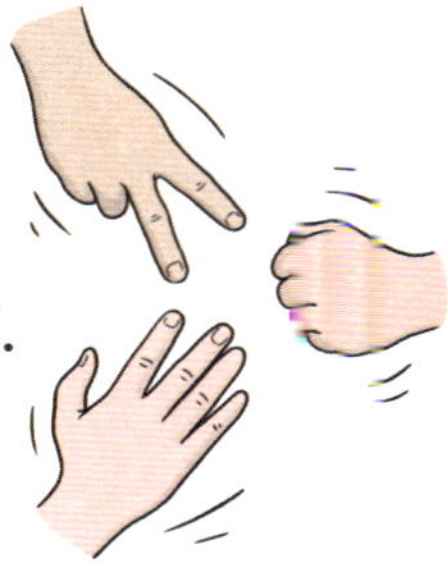

2

Wenn feststeht, welche Mannschaften an der EM teilnehmen – wie wird entschieden, wer gegen wen spielen soll?

A ☐ Die Ländernamen werden alphabetisch sortiert und so wird dann gespielt.

B ☐ Darüber wird so lange diskutiert, bis sich alle geeinigt haben.

C ☐ Das wird ausgelost.

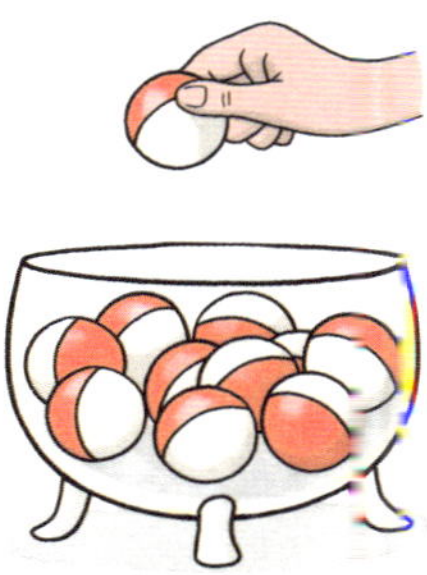

Nicht überall auf der Welt ist Fußball die beliebteste Sportart.

Wofür begeistern sich die Sportfans in anderen Ländern?
Immer zwei Puzzleteile passen zusammen. Ziehe Linien.

1

Wie viele Spieler darf der Trainer bei einem Bundesligaspiel auswechseln?

A ☐ Drei
B ☐ Vier
C ☐ Zehn

2

Schätz mal! Wie viele Fußballvereine gibt es in Deutschland?

A ☐ Etwa 24.500
B ☐ Etwa 15
C ☐ 80 Millionen

3

Wie heißen die lauten Tröten, mit denen manche Fans im Stadion kräftig Lärm machen?

A ☐ Megatröte
B ☐ Vuvuzela
C ☐ Trompete

1

Das Trikot des Torwarts muss eine andere Farbe haben als das der Feldspieler. Warum?

A ☐ Er ist der Coolste und darf in seiner Lieblingsfarbe spielen.

B ☐ So wird den Zuschauern mehr Abwechslung geboten.

C ☐ Nur der Torwart darf den Ball in die Hand nehmen. Damit der Schiedsrichter leicht erkennt, wer den Ball gerade hält, muss der Torwart sich gut von den Feldspielern unterscheiden.

2

Die Trainerin seufzt: „Wir müssen unbedingt eure Kondition verbessern.“ Was meint sie damit?

A ☐ Sie will die Mathekenntnisse der Spielerinnen trainieren.

B ☐ Sie will die körperliche Leistungsfähigkeit der Spielerinnen verbessern.

C ☐ Sie will die Beliebtheit bei den Fans verbessern.

Wie sollen sich alle Fußballspieler und Fußballspielerinnen verhalten? Das Bild verrät es dir:

Male dafür alle Felder aus, die einen schwarzen Punkt haben!

1

Wer entscheidet, wie die Mannschaft aufgestellt wird?

A ☐ Der Bürgermeister der Heimatstadt
B ☐ Der Trainer
C ☐ Der Torwart

2

Los geht das Spiel! Doch nach 10 Minuten ist Stürmer Hechel schon erschöpft. „Mist“, denkt er, „bis zur Halbzeitpause dauert es noch …

A ☐ … 35 Minuten!“
B ☐ … 5 Minuten!“
C ☐ … 2 Stunden!“

3

Eckstoß, Einwurf, Strafstoß nennt man auch …

A ☐ Standardsituationen.
B ☐ gefährliche Momente.
C ☐ Glückssachen.

1

Was ist Tackling?

A ☐ So nennt man es, wenn ein Spieler einen Gegenspieler so lange kitzelt, bis der zu Boden geht.

B ☐ Langsames Heranschleichen von hinten

C ☐ Dem Gegner aktiv und forsch den Ball abnehmen

2

„Nicht mit der Pike spielen!", ruft die Trainerin. Was meint sie damit?

A ☐ Die Spieler sollen den Ball nicht mit der Fußspitze schießen.

B ☐ Eine Pike ist eine Mütze, die beim Spiel nicht getragen werden darf.

C ☐ Pike ist der Name einer Spielerin, die eine Rote Karte bekommen hat und darum nicht mehr spielen darf.

Wähle die richtigen Wörter aus und schreibe sie auf die Linien!

Wie viel weißt du über Fußball?

Bei einem Fußballspiel treten ____________ Mannschaften gegeneinander an. Jedes Team hat ____________ Spieler auf dem Feld. Das Spiel dauert ____________ Minuten. Spielleiter ist der ____________. Bei Regelverstößen kann er einem Spieler die ________ oder sogar die ____________ Karte zeigen. Bei einem Foul im Strafraum gibt er ____________. Läuft der Ball über die Seitenlinie ins Aus, folgt ein ____________. Während des Spiels darf der __________ _______ Spieler auswechseln. Am Ende gewinnt die Mannschaft mit den meisten ____________.

Grüne

90

Zeugwart

Rote

zwölf

Elfmeter

Schiedsrichter

120

Toren

drei

auswechseln

Einwurf

Punkten

Gelbe

elf

vier

Eckball

Trainer

zwei

1

„Jetzt läuft jeder möglichst schnell über den Platz – den Ball immer eng am Fuß!“, ruft die Trainerin. Wie nennt man diese Technik beim Fußball?

A ☐ Flanken
B ☐ Dribbeln
C ☐ Passen

2

Was darf ein Feldspieler beim Spiel nicht anziehen?

A ☐ Eine Unterhose
B ☐ Handschuhe
C ☐ Eine lange Schlabberhose

3

Häufig stehen auf den Trikots nicht nur Nummer und Spielername, sondern auch der Name einer Firma, die den Verein mit Geld unterstützt. So eine Firma ist dann ein …

A ☐ … Sensor.
B ☐ … Motor.
C ☐ … Sponsor.

1

Christiano hat verschlafen. Jetzt aber schnell zum Spiel! Wonach sucht er noch?

 ~~4 bis 7~~

 ~~1; 5~~

 ~~1; 2~~

 ~~1; 5; 6~~

 ~~1 bis 3~~

 ~~1; 4; 5~~

Lösung: ____________________

2

Was ist eine U20-Mannschaft?

A ☐ Kein Spieler ist größer als 20 Meter (also alle **u**nter 20 Meter).

B ☐ Es sind weniger als 20 Spielerinnen oder Spieler auf dem Feld (**u**nter 20 Leute)

C ☐ Kein Spieler ist älter als 20 Jahre (**u**nter 20 Jahre).

1

In welchem Land wurde die erste Europameisterschaft ausgetragen?

A ☐ China
B ☐ Berlin
C ☐ Frankreich

2

Wie nennt man die Mannschaften, die in internationalen Wettkämpfen für ein Land spielen?

A ☐ Landeskicker
B ☐ Dreamteams
C ☐ Nationalmannschaften

3

Wofür steht die Abkürzung DFB?

A ☐ Dreh-Flug-Ball
B ☐ Dramatische Fußball-Begegnung
C ☐ Deutscher Fußball-Bund

1

Auch in England gibt es eine erste Fußball-Liga.
Wie heißt sie? Schreibe alle roten Buchstaben auf die Linie.
Beginne mit dem letzten! Der erste rote Buchstabe in dieser Reihe ist also der letzte des Lösungswortes.

S K F E G K S L U V Z D O T G S A J W C H E L B K A R

T F M E I H U Ö Z I X T E M Ö E S M E H R T O X L P

Lösung: _ _ _ _ _ _ _ _ _   _ _ _ _ _ _ _ _ _ _

2

Welche Mannschaft holte den englischen Meistertitel seit 1888 am häufigsten?

A ☐ English Kickers
B ☐ French Masters
C ☐ Manchester United

Wie heißt die Meisterschaft, bei der Nationalmannschaften aus Süd-, Mittel- und Nordamerika gegeneinander spielen?

5

4

6

3
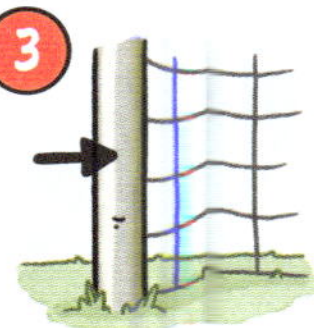

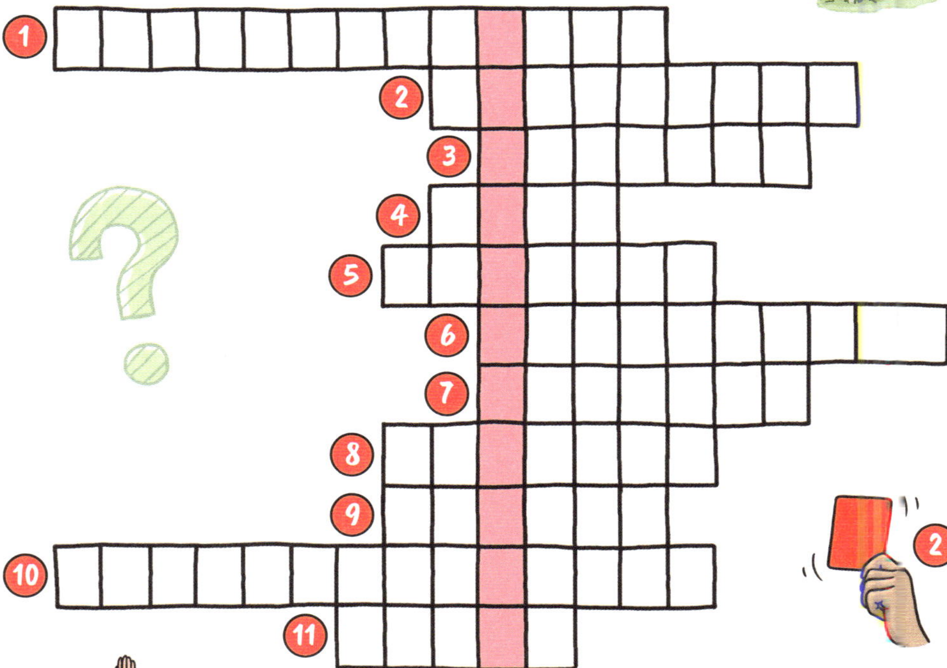

2

10

7

9

3

1

11

1

Zwei Mannschaften aus einer Stadt oder einer Region treten gegeneinander an. Das nennt man …

A ☐ Derby (sprich: Dörbi).
B ☐ Citymatch (sprich: Sittimätsch).
C ☐ Happy Hour (sprich: Häppi Auer).

2

Ben dribbelt schnell auf das Tor zu. Da kommt Leo von der Seite, rempelt Ben um und verhindert das Tor. Wie nennt man diese Art von Foulspiel?

A ☐ Heldentat
B ☐ Notbremse
C ☐ Passspiel

3

„Coach“ ist ein anderes Wort für …

A ☐ … Sofa.
B ☐ … Trainer.
C ☐ … Schiedsrichter.

1

Ein Fußballteam hat einen Kapitän. Was macht der?

A ☐ Er lenkt den Bus oder das Boot, mit dem die Spieler zum Training kommen.

B ☐ Er vertritt die Interessen des Teams. Wenn es Probleme gibt, spricht er mit dem Trainer oder dem Schiedsrichter.

C ☐ Das ist der Chefkoch.

2

Welcher dieser Spieler ist der Mannschaftskapitän? Kreise ihn ein.

A B C D

Immer zwei Wortteile ergeben einen Fußballbegriff.
Was gehört zusammen? Verbinde mit Linien.

Elf-

Ein-

Freundschafts-

-liga

-spieler

-meter

-pfiff

-finale

Tor-

-wurf

-spiel

Pokal-

An-

Bundes-

Ersatz-

-wart

1

Amanda dribbelt nach vorn, Kim stellt sich ihr in den Weg. Amanda schießt durch Kims Beine hindurch. Sie hat Kim ...

A ☐ verbummelt.
B ☐ ergummelt.
C ☐ getunnelt.

2

Jetzt spielt Amanda einen weiten Ball vom rechten Flügel vor das Tor. Was ist mit „Flügel" gemeint?

A ☐ Der äußere Bereich des Spielfelds. Von dort kann die Spielerin Flanken nach vorn spielen.
B ☐ Der Schiedsrichterassistent, der auf der rechten Seite steht.
C ☐ Das ist ein anderes Wort für die Seitenlinie.

3

Was braucht man, damit man geschickt mit dem Ball umgehen kann?

A ☐ Teure Schuhe
B ☐ Viel Training und gutes Ballgefühl
C ☐ Einen Apfel vor jedem Training

1

Auf welchem Bild ist ein Fallrückzieher zu sehen? Kreuze an!

A ☐

B ☐

C ☐

D ☐

2

„Was ist unsere Taktik bei diesem Spiel?", fragt Can.
Was ist mit „Taktik" beim Fußball gemeint?

A ☐ Anderes Wort für Picknick – also: Was bekommen wir in der Halbzeit zu essen?

B ☐ Anderes Wort für Trikot – also: Welche Trikots sollen wir heute tragen?

C ☐ Die vorher festgelegte Spielweise, z. B.: Soll das Team besonders stark angreifen? Oder vor allem das eigene Tor verteidigen, weil die Gegner sehr stark sind?

In vielen Ländern ist Fußball eine sehr beliebte Sportart.

Diese 10 Länder gehören dazu. Findest du sie im Wortgitter?

H	I	F	K	A	M	E	R	U	N	D	I
U	A	R	G	E	N	T	I	N	I	E	N
B	R	A	S	I	L	I	E	N	S	U	P
B	Z	N	Y	T	K	N	N	U	B	T	O
I	Ü	K	W	A	L	I	G	N	X	S	R
P	G	R	Ö	L	I	G	L	F	A	C	T
S	I	E	P	I	M	E	A	U	L	H	U
E	F	I	Z	E	S	R	N	G	F	L	G
L	L	C	J	N	Q	I	D	H	I	A	A
U	I	H	O	S	P	A	N	I	E	N	L
R	P	W	H	X	Ü	N	G	U	L	D	A

1

Der Trainer klopft Elmo auf die Schulter. „Super, dein Hattrick!“ Was ist ein Hattrick?

A☐ Ein Hackentrick

B☐ Elmo hat alle Torschüsse gehalten.

C☐ Elmo hat drei Tore in einem Spiel geschossen.

2

Wie zeigt der Schiedsrichter an, dass das Spiel zu Ende ist?

A☐ Für den Abpfiff benutzt er seine Trillerpfeife.

B☐ Für den Auspfiff benutzt er seine Blockflöte.

C☐ „Schluss jetzt!“, ruft er laut über den Platz.

3

Am Ende des Spiels steht es 2:2, also …

A☐ nichtentschieden.

B☐ unentschieden.

C☐ beidegleich.

1

„Schöne Finte!“, ruft der Trainer Bob zu. Was ist eine Finte?

A ☐ Ein weiter Torschuss

B ☐ Eine Täuschung des Gegners: Bob hat eine bestimmte Laufrichtung angedeutet, hat dann aber durch einen geschickten Trick so schnell die Richtung geändert, dass der Gegner nicht hinterherkam.

C ☐ Ein besonders elegantes Dribbling vor das gegnerische Tor

2

Viele Vereine haben ein Maskottchen, z. B. eine Biene, einen Hund, ein Krokodil oder einen Dino. Was ist ein Maskottchen?

A ☐ Ein anderes Wort für Haustier

B ☐ Das Lieblingskuscheltier des Trainers

C ☐ Eine Figur, die Glück bringen soll

1

„Jetzt üben wir Schüsse mit dem Vollspann!“, ruft die Trainerin. Was meint sie damit?

A ☐ Ein Vollspann ist ein besonders weicher Ball.
B ☐ Der mittlere Bereich auf der Oberseite des Fußes ist der Vollspann.
C ☐ Der zweite Trainer heißt Volker Vollspann.

2

Nimmt ein Spieler den Ball aus der Luft an und schießt ihn direkt weiter, ist das ein …

A ☐ Vollschuss.
B ☐ Foulschuss.
C ☐ Volleyschuss (sprich: Wollischuss).

3

Der Ball kommt angeflogen, berührt kurz den Boden und die Spielerin kickt ihn sofort weiter. Wie nennt man so einen Schuss?

A ☐ Dropkick
B ☐ Hüpfschuss
C ☐ Abpraller

1

Ein Finale kann nicht unentschieden ausgehen, denn dann gäbe es ja keinen Sieger. Was passiert, wenn es nach 90 Minuten unentschieden steht?

A ☐ Der Schiedsrichter entscheidet, welche Mannschaft besser gespielt hat und Sieger sein soll.

B ☐ Am nächsten Tag spielen die beiden Teams noch mal gegeneinander. Gibt es dann noch immer keinen Sieger, spielen die Teams täglich weiter.

C ☐ Meist geht das Spiel in die Verlängerung und es werden weitere 30 Minuten gespielt.

2

Und nach der Verlängerung steht es noch immer unentschieden. Was jetzt?

A ☐ Elfmeterschießen

B ☐ Armdrücken der Mannschaftskapitäne

C ☐ Noch mal 30 Minuten spielen

1

Zwei Nationalmannschaften spielen gegeneinander. Was passiert vor dem Anpfiff?

- **A** ☐ Der Trainer bindet jedem Spieler die Schuhe zu.
- **B** ☐ Ein letzter Blick in den Spiegel: Sitzt die Frisur?
- **C** ☐ Die beiden Nationalhymnen werden gespielt.

2

Bei der Meisterschaft sind nur noch vier Mannschaften übrig. Sie spielen jetzt im …

- **A** ☐ Finale.
- **B** ☐ Halbfinale.
- **C** ☐ Vier-Team-Finale.

3

Wie nennt man es, wenn die Mannschaft, die verloren hat, aus dem Turnier ausscheidet?

- **A** ☐ Rausschmeiß-System
- **B** ☐ Der-Gewinner-gewinnt-System
- **C** ☐ K.-o.-System

Halbzeitpause – Zeit für ein paar Fußballsprüche

„Wir spielen am besten, wenn der Gegner nicht da ist."
(Otto Rehhagel)

„Wir müssen jetzt die Köpfe hochkrempeln. Und die Ärmel auch."
(Lukas Podolski)

„Es gibt nur einen Ball. Wenn der Gegner ihn hat, muss man sich fragen, warum."
(Giovanni Trapattoni)

„Ich denke nicht vor dem Tor. Das mache ich nie."
(Lukas Podolski)

„Die ersten 90 Minuten sind die schwersten."
(Bobby Robson)

„Ich habe eine Oberschenkelzerrung im linken Fuß."
(Guido Buchwald)

„Der Trainer hatte wegen der vielen Ausfälle zum Schluss nur noch die Wahl zwischen dem Busfahrer und mir. Da der Busfahrer seine Schuhe nicht dabeihatte, habe ich gespielt."
(Jan Åge Fjørtoft)

„Es steht 1:1. Genauso gut könnte es umgekehrt stehen."
(Heribert Faßbender)

„Ja gut, es gibt nur eine Möglichkeit: Sieg, Unentschieden oder Niederlage."
(Franz Beckenbauer)

„In der Schule gab's für mich Höhen und Tiefen. Die Höhen waren der Fußball."
(Thomas Häßler)

„Der Ball war so lasch geschossen, den konnte man unterwegs noch aufpumpen."
(Eduard Geyer)

„Das Einzige, was sich in der ersten Hälfte bewegt hat, war der Wind."
(Franz Beckenbauer)

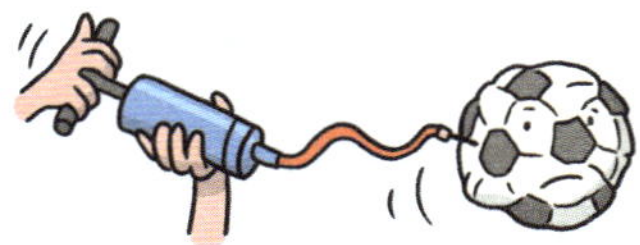

„Wir haben nur unsere Stärken trainiert. Deswegen war das Training heute nach 15 Minuten abgeschlossen."
(Josef Hickersberger)

„Wir wollten in Bremen kein Gegentor kassieren. Das hat auch bis zum Gegentor ganz gut geklappt."
(Thomas Häßler)

„Wir können so was nicht trainieren, sondern nur üben."
(Michael Ballack)

„In einem Jahr habe ich mal 15 Monate durchgespielt."
(Franz Beckenbauer)

„Wir dürfen jetzt nur nicht den Sand in den Kopf stecken."
(Lothar Matthäus)

„Dann kam das Elfmeterschießen. Wir hatten alle die Hosen voll, aber bei mir lief's ganz flüssig."
(Paul Breitner)

„Egal ob ich auf der Bank sitze oder von Anfang an spiele, ich gebe immer alles."
(Sebastian Schoof)

„Nein, liebe Zuschauer, das ist keine Zeitlupe, der läuft wirklich so langsam."
(Werner Hansch)

„Daran sind nur die Schiedsrichter schuld, da bin ich ganz selbstkritisch."
(Markus Osthoff)

„Mal verliert man und mal gewinnen die anderen."
(Otto Rehhagel)

„Ich sage nur ein Wort: Vielen Dank!"
(Horst Hrubesch)

Ein Fußballprofi will Urlaub im Ausland machen. Der Grenzbeamte sagt: „Zeigen Sie mir bitte Ihren Pass.“ Der Spieler erwidert: „Ja, sehr gern. Haben Sie hier denn einen Ball?“

Eine Fußballmannschaft fliegt zum nächsten Spiel nach Amerika. Der Flug dauert lang und die Spieler langweilen sich. Nach einiger Zeit fangen sie an, in den Gängen Fußball zu spielen. Der Pilot ist genervt und bittet den Co-Piloten, für Ruhe zu sorgen. Nach wenigen Minuten herrscht Stille und der Co-Pilot kommt zurück ins Cockpit. „Super“, sagt der Pilot, „wie hast du das so schnell geschafft?“ – „Ich hab den Jungs gesagt: Ist schönes Wetter draußen, spielt doch vor der Tür.“

Was ist der Unterschied zwischen einem Fußgänger und einem Fußballer?
Der Fußgänger geht bei Grün, der Fußballer bei Rot.

Warum lachen Mäuse beim Fußballspielen immer?
Weil die Grashalme am Bauch kitzeln.

Halbzeitwitze

Nach einem Fußballspiel kommt Josi strahlend nach Hause. „Papa, ich habe heute zwei Tore geschossen!“, ruft sie. „Großartig! Und wie ist das Spiel ausgegangen?“ – „1 : 1.“

Was ist der Unterschied zwischen einem Bankräuber und einem Fußballstar?
Der Bankräuber sagt: „Geld her oder ich schieße!“
Der Fußballstar sagt: „Geld her oder ich schieße nicht.“

Nach dem Fußballspiel sitzt Ferdi mit seiner Familie am Abendbrottisch. Er mault: „Ich hab schon wieder die meiste Zeit auf der Bank verbracht, der Trainer wechselt mich fast nie ein, das ist soooo ungerecht. Und als ich dann mal kurz auf dem Feld war, hat mich ein Gegenspieler geschubst. Das war soooo blöd …“ – Die Mutter seufzt: „Jaja, aber jetzt iss erst mal dein Schmollkornbrot.“

Zeugnistag! Am Abend fragt der Fußballstar seinen Sohn: „Wie sieht denn dein Zeugnis aus?“ – „Oh. Die Saison ist echt gut gelaufen – mein Vertrag mit der vierten Klasse wurde um ein Jahr verlängert.“

Weißt du, warum Fußball eine sehr gefährliche Sportart ist? Auf dem Spielfeld wird geschossen und geköpft.

Halbzeitwitze

Cindy kommt mit hängendem Kopf vom Fußballtraining. „Was ist denn los?“, fragt ihre Mutter. „Ach, die anderen haben sich schon wieder über mich lustig gemacht, weil ich so große Füße habe.“ – „Aber das stimmt doch gar nicht. Jetzt stell erst mal deine Schuhe in die Garage und dann komm rein.“

Tobi und Stella schauen sich ein Bundesligamatch im Fernsehen an. Selten haben sie ein so langweiliges Spiel gesehen! Nach dem Abpfiff humpelt einer der Stürmer vom Feld. „Was hat er denn?“, fragt Tobi. „Ist er gefoult worden?“ – „Nee, bestimmt nicht, ich schätze, ihm ist das Bein eingeschlafen.“

Tino wurde beim Spiel gefoult. Sein besorgter Vater geht mit ihm zum Arzt. „Wo tut es dir weh?“, fragt er Tino. Tino tippt mit dem Finger auf seinen Bauch, an seinen Kopf, auf das Knie und sagt: „Überall. Egal, wo ich drücke, immer habe ich Schmerzen.“ Der Arzt untersucht ihn gründlich. „Was hat er nur?“, will der Vater wissen. „Das wird schon wieder“, sagt der Arzt. „Sein Zeigefinger ist verstaucht.“

Was denkst du über Fußball? Trage ein.

Wie heißt dein Lieblings-Bundesligaclub?

Welchen Feldspieler oder welche Feldspielerin findest du am besten?

Was kann diese Spielerin oder dieser Spieler besonders gut?

Auf welcher Position spielt sie oder spielt er?

Wer ist dein Lieblingstorwart?
Hast du eine Lieblingstorfrau?

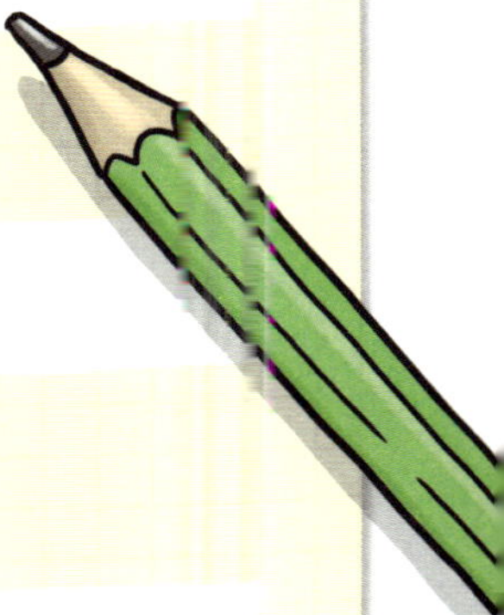

Welche Fragen würdest du deinen Lieblingsspielern gern mal stellen?

Hast du schon mal ein Spiel in einem großen Fußballstadion gesehen?

Falls ja – wer hat gespielt?

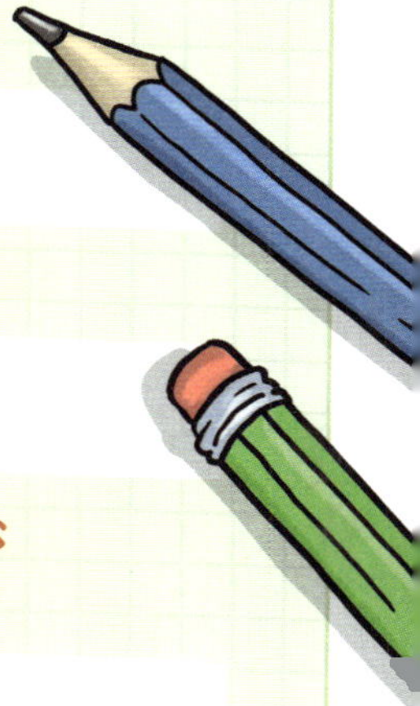

Wie ist das Spiel ausgegangen?

Bei einem Spiel zwischen welchen beiden Clubs würdest du besonders gern zuschauen?

Gibt es einen Verein aus einem anderen Land, den du besonders gut findest?

Wer aus deiner Familie spielt gern Fußball?

Mit welchen Kindern spielst du besonders häufig Fußball?

Spielst du selbst Fußball in einem Verein?
Wenn ja, in welchem?

Was macht dir beim Training besonders viel Spaß?

Was findest du nicht so gut?

Was kannst du beim Fußballspielen besonders gut?

Und was möchtest du an deinem Fußballspiel verbessern?

Bei welchem Verein würdest du gern mal spielen?

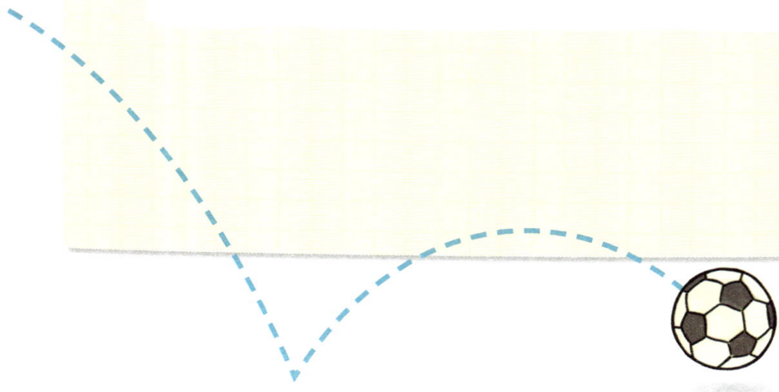

Was ist das Maskottchen deiner Lieblingsmannschaft?

Kannst du es malen?

Und wie sieht das Wappen deiner Lieblingsmannschaft aus? Male es in das Feld.

Diese Spieler deiner Lieblingsmannschaft haben den Pokal gewonnen! Male das Bild fertig.

Was ist denn hier passiert?

Male die Felder in den vorgegebenen Farben aus:

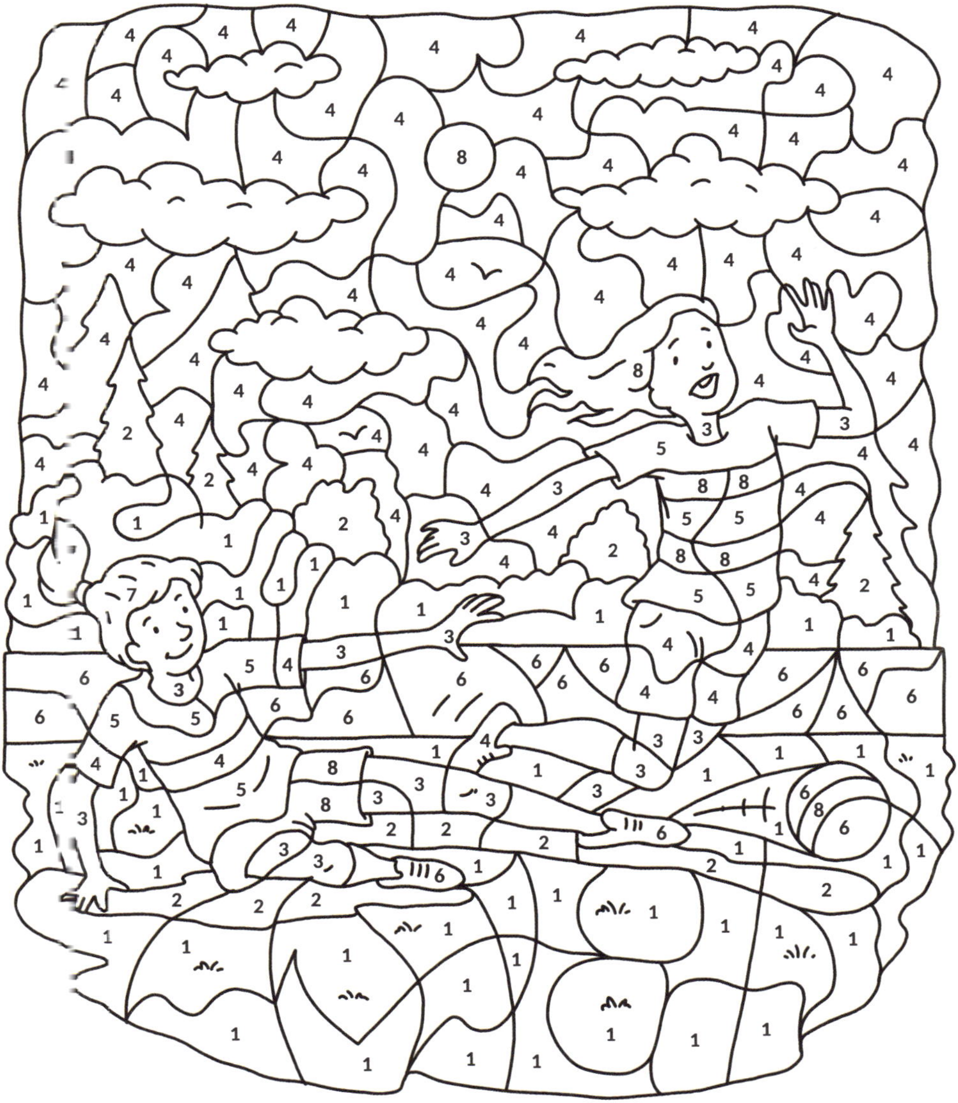

1 = **hellgrün**	3 = **hautfarben**	5 = **rot**	7 = **braun**
2 = **dunkelgrün**	4 = **blau**	6 = **grau**	8 = **gelb**

Schlechtes Wetter oder keine Zeit, um draußen zu kicken?

Dann könnt ihr mit diesem Spiel eine Runde Fußball spielen!

Löst die beiden Seiten aus dem Block und klebt sie mit einem Klebestreifen zusammen. Ihr braucht einen Würfel und für jeden Spieler eine Spielfigur. Los geht's.

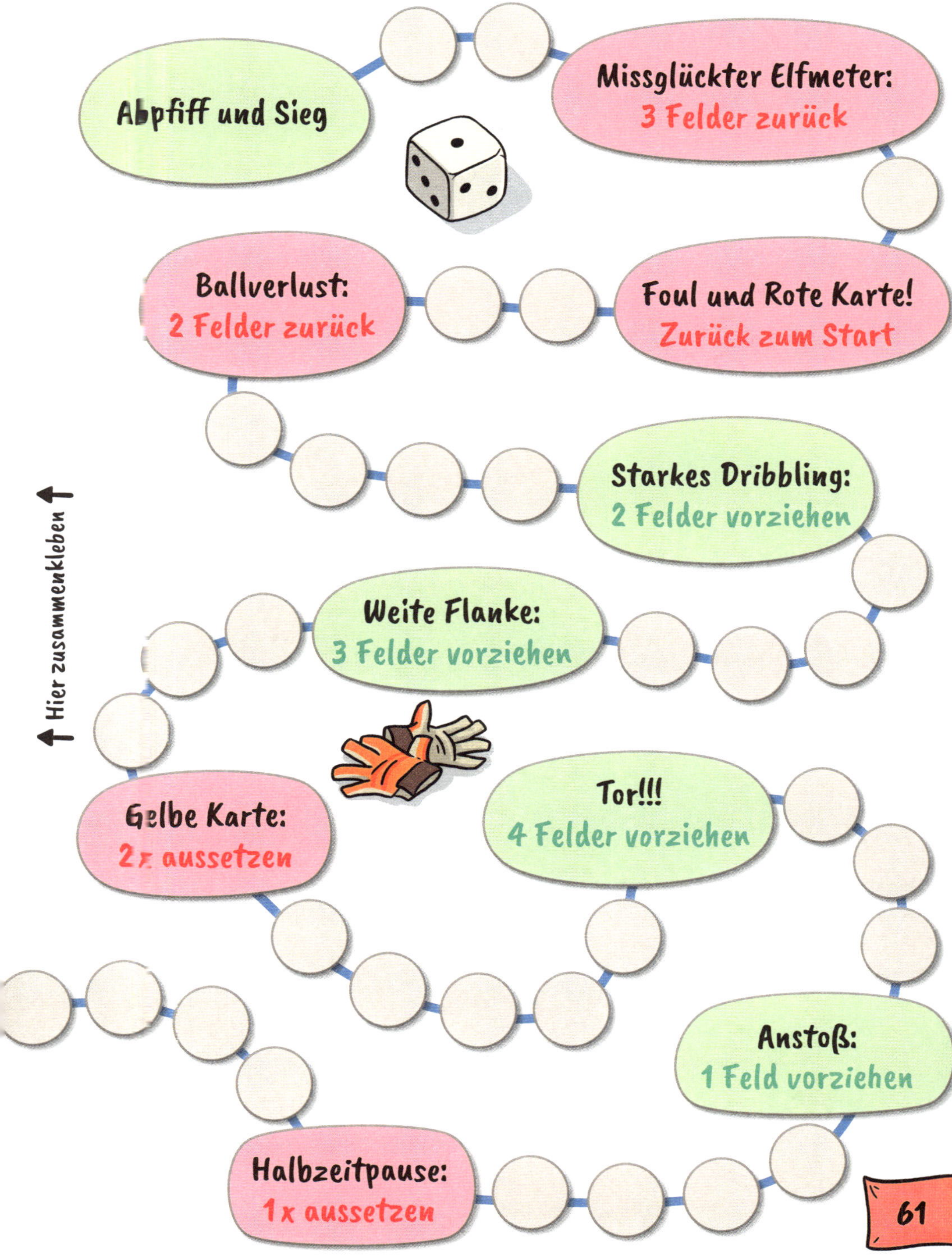

← Hier zusammenkleben →

1

Wie nennt man die Spielweise, bei der ein Team besonders häufig das gegnerische Tor angreift?

A ☐ Offensives Spiel
B ☐ Lauft-nach-vorne-Spiel
C ☐ Defensives Spiel

2

Wie groß ist ein Fußballfeld, auf dem internationale Spiele ausgetragen werden?

A ☐ Meist etwa 30 Meter lang und 15 Meter breit
B ☐ Meist etwa 200 Meter lang und 100 Meter breit
C ☐ Meist etwa 105 Meter lang und 68 Meter breit

3

Manche Plätze haben Naturrasen, andere Kunstrasen. Kunstrasenplätze müssen …

A ☐ beheizbar sein.
B ☐ schön weich sein.
C ☐ grün sein.

1

Wann tauchte in England das Wort „football“ – also Fußball – zum ersten Mal schriftlich auf?

A ☐ 2021
B ☐ 1314
C ☐ 1990

2

Warum wurde es erwähnt?

A ☐ Der Bürgermeister der Stadt London verbot das Spiel in den Straßen, weil es zu brutal war.
B ☐ Die Königin von England kündigte das erste Fußballspiel an, bei dem sie selbst anwesend sein würde.
C ☐ Auf einem großen Plakat wurden Fußbälle im Sonderangebot beworben.

3

Was ist jalkapallo?

A ☐ Ein Torjubel
B ☐ Das finnische Wort für Fußball
C ☐ Ein Saft mit vielen Vitaminen

Weißt du, wie beim Fußball die verschiedenen Bereiche des Fußes genannt werden?

Schreibe die Buchstaben auf die Linien. Die Zahlen stehen für die Buchstaben an der jeweiligen Stelle des Alphabets.

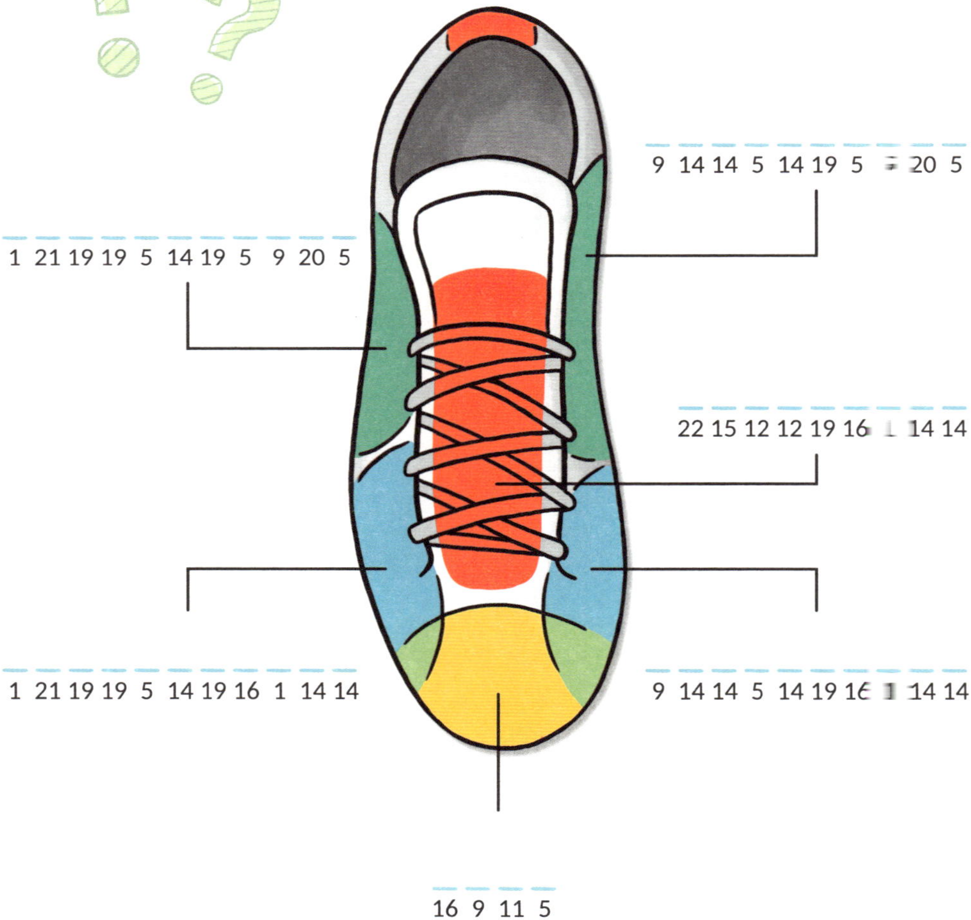

1

1908 fand das erste offizielle Länderspiel einer deutschen Mannschaft statt. Wer war der Gegner?

A ☐ Die brasilianische Nationalmannschaft
B ☐ Die Nationalmannschaft der Schweiz
C ☐ Die Berliner Nationalmannschaft

2

Wie ging das Spiel aus?

A ☐ Deutschland verlor 5:3.
B ☐ Unentschieden: 10:10
C ☐ Es regnete und das Spiel wurde abgebrochen.

3

„Später werde ich Fußballprofi", verkündet Kalli. Was genau ist ein Fußballprofi?

A ☐ Jemand, der begeisterter Hobby-Fußballer ist
B ☐ Jemand, der sich sehr gut mit Fußballregeln auskennt
C ☐ Jemand, dessen Beruf das Fußballspielen ist

1

Was ist wichtig für den Erfolg eines Teams? Mehrere Antworten sind richtig.

A ☐ Gutes Zusammenspiel auf dem Feld
B ☐ Missgunst und Streit zwischen den Spielern
C ☐ Ein teurer Rasenplatz
D ☐ Gute Stimmung zwischen den Spielern und dem Trainer
E ☐ Schicke Trikots
F ☐ Regelmäßiges Training
G ☐ Gutes Wetter

2

„Auf dem Transfermarkt geht es ja wirklich gerade hoch her", sagt ein Trainer zum anderen. Weißt du, was ein Transfer beim Fußball ist?

A ☐ Wenn ein Trainer den Verein wechselt und der alte Verein dem neuen Verein dafür Geld zahlt.
B ☐ Wenn ein Spieler beim Spiel die Schuhe wechselt dann transferiert er die Schuhe.
C ☐ Wenn ein Spieler den Verein wechselt und der neue Verein dem alten Verein dafür Geld zahlt.

1

Fernanda gelingt ein langer Schuss, bei dem der Ball in einer gebogenen Linie fliegt. Wie nennt man so einen Schuss?

A ☐ Gurkenpass
B ☐ Spargelschlenzer
C ☐ Bananenflanke

2

Eine andere Bezeichnung für Torraum lautet …

A ☐ Gleich-ist-der-Ball-drin-Raum.
B ☐ Torwart-Paradies.
C ☐ Fünf-Meter-Raum.

3

Was für ein Wetter, es friert und schneit. Dann muss das Bundesligaspiel wohl ausfallen, oder?

A ☐ Nein, große Stadien haben eine Rasenheizung. Das Feld ist auch im Winter bespielbar.
B ☐ Ja, Mannschaft und Zuschauer können zu Hause bleiben. Im Frühling geht's weiter.
C ☐ Nein, die Spieler können auch bei Eisglätte aufs Feld. Wer will, darf Schlittschuhe tragen.

1

„Wie sieht denn der Platz aus?“, grummelt der Trainer. „Alles voller Laub und die Linien sind auch kaum noch zu erkennen.“ Wer sollte sich darum kümmern?

A ☐ Der Zeugwart
B ☐ Der Parkplatzwächter
C ☐ Der Platzwart

2

Ohne Spielerinnen oder Spieler kann man nicht Fußball spielen. Doch ein Bundesligateam braucht noch mehr Leute. Welche anderen Berufe gibt es außerdem? Mehrere Antworten sind richtig.

A ☐ Shopping-Berater
B ☐ Torwarttrainer
C ☐ Physiotherapeut
D ☐ Konditionstrainer
E ☐ Imker
F ☐ Mannschaftsarzt
G ☐ Tätowierer
H ☐ Dirigent
I ☐ Manager

1

Welche Mannschaft gewann 2018 bei der Fußballweltmeisterschaft der Männer?

A ☐ Frankreich
B ☐ Afrika
C ☐ Rom

2

Im Finale spielte diese Mannschaft gegen …

A ☐ Island.
B ☐ London.
C ☐ Kroatien.

3

Ausgetragen wurde die WM 2018 in …

A ☐ München.
B ☐ den Alpen.
C ☐ Russland.

1

War der Ball wirklich hinter der Torlinie? Warum gibt es für dieses schwere Foul keine Rote Karte? Die Schiedsrichter auf dem Feld können nicht jede Spielsituation gut und richtig erkennen. Manchmal treffen sie darum falsche Entscheidungen. Um das zu ändern, gibt es …

- **A** ☐ ein Expertenteam, das nach dem Spiel stundenlang diskutiert.
- **B** ☐ den Videobeweis.
- **C** ☐ eine kluge Eule, die das Spiel verfolgt und dabei nickt oder den Kopf schüttelt.

2

Was darf der Torwart im Strafraum machen?

A ☐

B ☐

C ☐

D ☐

So geht das aber nicht!

Findest du die 10 Fehler auf dem Fußballplatz?

1

Wo steht das größte Stadion der Welt?

A ☐ In Pjöngjang, Nordkorea

B ☐ In Los Angeles, USA

C ☐ In Brüssel, Belgien

2

Wie viele Zuschauer haben im größten Stadion der Welt Platz?

A ☐ Etwa 20.000

B ☐ Etwa 2 Millionen

C ☐ Etwa 114.000

3

Und das größte Stadion Deutschlands steht in …

A ☐ Wien.

B ☐ Dortmund.

C ☐ Klein-Schretstaken.

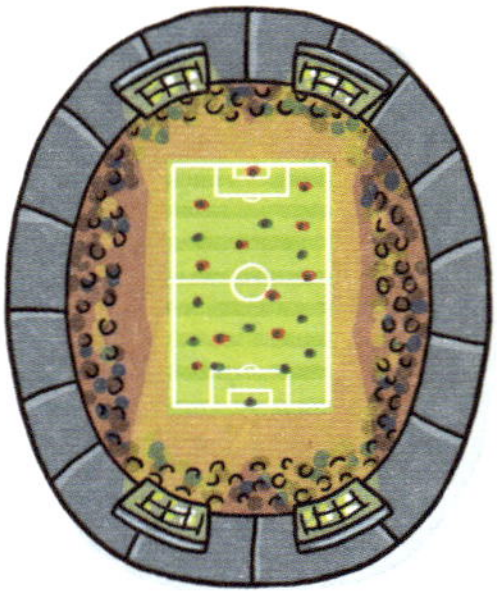

1

Wolfi liebt Bälle. Kurz nach dem Anpfiff rast er auf den Platz, um dem Ball hinterherzujagen. Der Schiedsrichter unterbricht das Spiel und Wolfi wird am Rand angeleint. Wie kommt der Ball jetzt wieder ins Spiel?

A ☐ Schiedsrichterball: Der Schiri geht zu der Stelle, an der der Ball war, als das Spiel unterbrochen wurde, und lässt ihn dort mit ausgestrecktem Arm fallen.

B ☐ Zuschauerball: Ein Zuschauer wirft den Ball von der Tribüne aus ein.

C ☐ Hundebesitzerball: Wolfis Besitzer kickt den Ball von außen aufs Feld.

2

Eine Regel vom DFB (Deutschen Fußball-Bund) lautet:

A ☐ Sämtliche Bälle müssen schwarz-weiß sein.

B ☐ Sämtliche Bälle müssen aus Holz sein.

C ☐ Sämtliche Bälle müssen kugelförmig sein.

In Deutschland gibt es etwa 24.500 Fußballvereine und insgesamt rund 149.000 Mannschaften!

Die Mannschaften treten in verschiedenen Spielklassen gegeneinander an. Die besten Mannschaften spielen in der **Bundesliga** – das ist also die höchste Spielklasse.
Die anderen Spielklassen sind:
Regionalliga, Landesliga, 2. Bundesliga, Oberliga, 3. Liga, Landesverbände

Trage ein, in welcher Reihenfolge sie in die Pyramide gehören:

Die meisten Teams spielen bei den Landesverbänden. Diese gehören also nach ganz unten.

Auf der vierten Linie von unten steht die Regionalliga.

Die Oberliga ist über der Landesliga.

Unter der Bundesliga ist die 2. Bundesliga.

Die Landesliga gehört auf die vorletzte Linie.

Nun bleibt nur noch eine Linie für die 3. Liga übrig.

1

Wie kommt der Ball nach einem gültigen Tor wieder ins Spiel?

A ☐ Der Torwart kickt ihn auf das Feld.
B ☐ Es gibt Anstoß an der Spielfeldmitte.
C ☐ Durch einen Einwurf vom Trainer.

2

„Raus aus dem Sechzehner“, ruft die Trainerin den Spielerinnen zu. Sie meint also: Raus aus …

A ☐ dem Strafraum.
B ☐ der anderen Hälfte.
C ☐ der Umkleidekabine Nummer 16.

3

In der Bundesliga spielen 18 Mannschaften gegeneinander. Und in der 2. Bundesliga?

A ☐ Das ist mal so, mal so.
B ☐ 2 Mannschaften
C ☐ Auch 18 Mannschaften

1

Was ist ein Videoassistent?

A ☐ Jemand, der dabei hilft, besonders witzige Videos aufzunehmen und online zu stellen.

B ☐ Eine Funktion am Handy, die eine misslungene Videoaufnahme automatisch löscht.

C ☐ Ein Schiedsrichterassistent, der das Spielgeschehen auf Bildschirmen beobachtet. Er hat bei manchen Situationen einen genaueren Blick und kann eingreifen, wenn der Schiedsrichter auf dem Feld eine falsche Entscheidung trifft.

2

Wofür steht die Abkürzung SVB?

A ☐ Schiedsrichter-Videobereich. Dort kann sich der Schiri selbst das Video der Situation ansehen.

B ☐ Schuss-Verbesserungsbereich. Dort können die Stürmer kurz vor dem Spiel noch mal in aller Ruhe trainieren.

C ☐ Spieler-Vereins-Beziehung. Diese Beziehung muss stimmen, sonst kann der Spieler keine Tore schießen.

1

Kinder und Jugendliche sind in Altersgruppen eingeteilt. Wie heißt die Gruppe, in der die ältesten Spielerinnen und Spieler sind?

A ☐ A-Jugend
B ☐ Z-Jugend
C ☐ Tolle-Teenager-Truppe

2

Und die Elf- bis Zwölfjährigen sind in der …

A ☐ Baby-Gruppe.
B ☐ E-Jugend.
C ☐ D-Jugend.

3

Wie kann es eine Mannschaft von der 2. Bundesliga in die Bundesliga schaffen?

A ☐ Am Ende der Saison dürfen die Fernsehzuschauer abstimmen, wer aufsteigen soll.
B ☐ Am Ende der Saison steigen die beiden besten Mannschaften auf.
C ☐ Am Ende der Saison wird ausgelost, wer aufsteigt.

1

„Jetzt einen Konter!“, ruft der Trainer aufgeregt über den Platz. Was meint er damit?

A ☐ Ein Konter ist ein schnell ausgeführter Einwurf.

B ☐ Der Trainer meint: „Schade, dass unser schnellster Stürmer Willi Konter verletzt ist. Den hätten wir jetzt gut gebrauchen können.“

C ☐ Die Offensive des Gegners konnte gestoppt werden, jetzt soll das Team schnell einen Gegenangriff starten. Diesen schnellen Gegenangriff nennt man Konter.

2

Auf welchem der Bilder ist ein verbotenes Handspiel zu sehen?

A ☐ **B** ☐ **C** ☐ **D** ☐

In welchen 12 Ländern finden Spiele der EM 2020 statt?

Folge den Linien

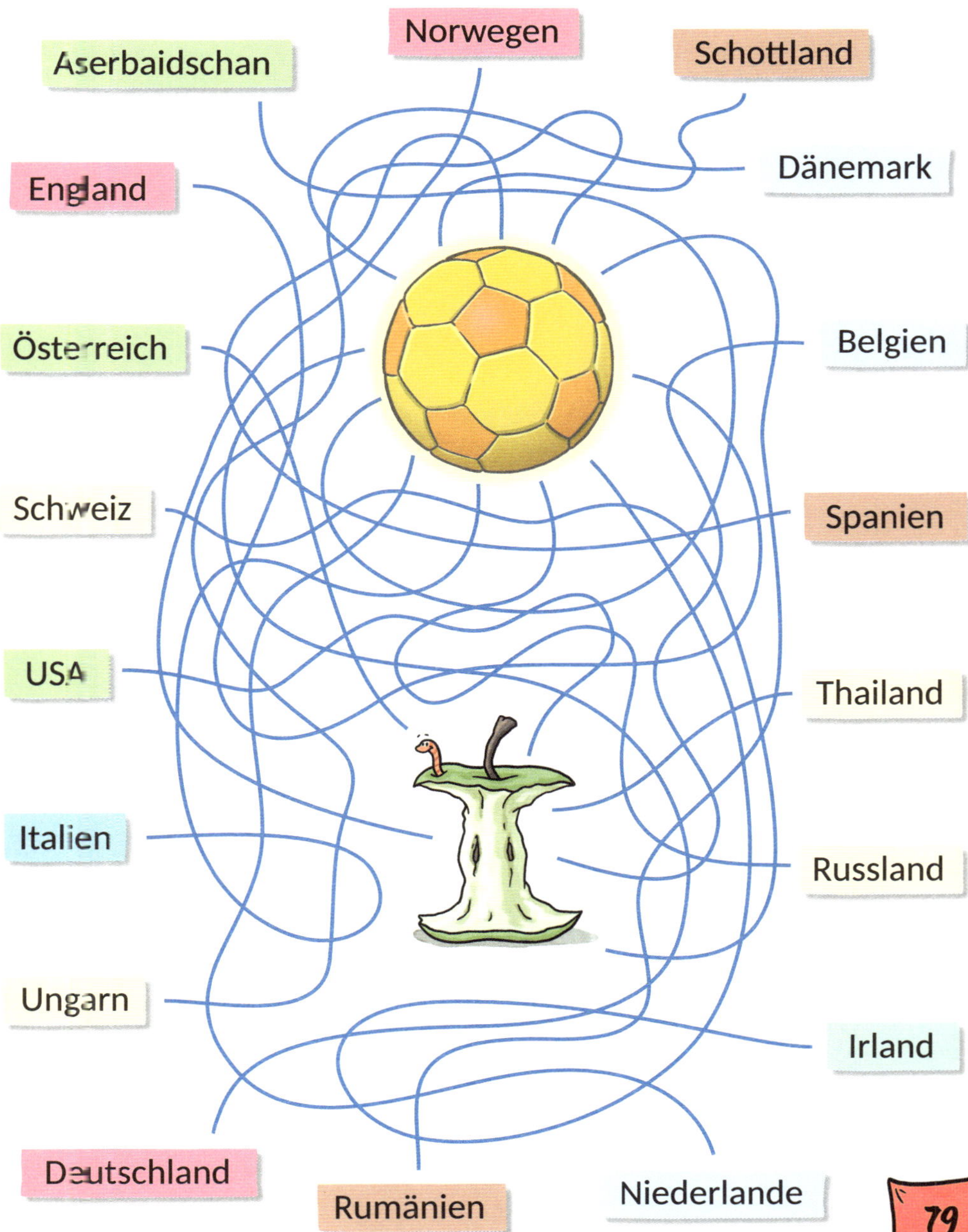

1

Wann leitete zum ersten Mal eine Schiedsrichterin ein Bundesligaspiel der Männer?

A ☐ 1917
B ☐ 2017
C ☐ Sie legt erst im nächsten Jahr los.

2

Der Name dieser Schiedsrichterin ist …

A ☐ Bibiana Steinhaus.
B ☐ Barbara Holzschuppen.
C ☐ Silvana Beinhaus.

3

Neben dem Spielfeld sind auf beiden langen Seiten eingezeichnete Bereiche, in denen sich Trainer und Betreuer aufhalten dürfen. Wie heißen diese Bereiche?

A ☐ Sperrgebiet oder Grenzgebiet
B ☐ Tigerkäfig
C ☐ Coaching-Zone oder Technische Zone

1

Der Videoassistent darf in vier Bereichen eingreifen. Welche sind das?

A ☐ Er darf Streit zwischen zwei Spielern schlichten: Wer hat recht?

B ☐ Wenn der Torwart sich den Kopf gestoßen hat.

C ☐ Verwechslung: Der Schiedsrichter zeigt dem falschen Spieler eine Gelbe oder Rote Karte.

D ☐ Unklarheiten bei einem gefallenen Tor: War der Ball drin? Wurden Abseits, Handspiel, Foul übersehen?

E ☐ Die Spieler auf der Bank spielen Handyspiele. Das ist im Stadion nicht erlaubt.

F ☐ Fehler des Schiris beim Geben oder Nichtgeben eines Strafstoßes.

G ☐ Ein Trainer verlässt dauernd die Coaching-Zone.

H ☐ Fehler des Schiris beim Abpfeifen des Spiels.

I ☐ Ein Fehler beim Geben oder Nichtgeben einer Roten Karte.

2

„Stellt euch vor", erzählt Janina beim Training. „1955 wurde in Deutschland das Fußballspielen für Frauen verboten. Ratet mal, warum!"

A ☐ Weil es angeblich den Frauen schadete und der weiblichen Natur fremd war

B ☐ Weil es sowieso keine Frauen gab, die spielen wollten

C ☐ Weil es keine passenden Fußballschuhe für Frauen gab

Felix möchte gern Trainer werden. Er weiß, dass man dafür einen Trainerschein braucht. Aber wie bekommt man den?

Schreibe die Buchstaben des richtigen Wegs auf die Linie.

Felix macht einen ______________________

1

„Diese Woche spielen wir hier, auf unserem eigenen Platz", sagt der Torwart. Das Team hat also …

A ☐ … ein Zuhausespiel.
B ☐ … ein Heimspiel.
C ☐ … ein Um-die-Ecke-Spiel.

2

In welchem Jahr wurde das Verbot von Frauenmannschaften im DFB aufgehoben?

A ☐ 1940
B ☐ 1970
C ☐ 2020

3

Die Fußball-EM der Frauen wurde bislang 12-mal ausgetragen. Wie oft haben die deutschen Spielerinnen gewonnen?

A ☐ Achtmal
B ☐ Dreimal
C ☐ Keinmal

1

Bei der Abseitsregel gibt es Besonderheiten.
Welche Antworten stimmen?

A ☐ Ein Eckball landet bei einem im Abseits stehenden Mitspieler – das ist erlaubt. Das Spiel geht weiter.

B ☐ Abseits ist eigentlich nicht so schlimm, meistens pfeift der Schiri gar nicht.

C ☐ Ein Einwurf landet bei einem im Abseits stehenden Mitspieler. Das macht nichts. Das Spiel geht weiter.

D ☐ Ein Abwehrspieler steht im Abseits und nimmt den Ball von einem Mitspieler an. Das ist erlaubt – nur Stürmer können im Abseits stehen.

E ☐ Nach einem Abstoß landet der Ball bei einem im Abseits stehenden Mitspieler. Kein Problem – das Spiel geht weiter.

2

John wird zum ersten Mal als Torwart eingesetzt.
Er kennt die Regeln noch nicht so genau. Was stimmt?

A ☐ Der Torwart darf den Ball in die Hand nehmen.

B ☐ Der Torwart muss nicht im Tor bleiben. Er darf aufs Feld laufen.

C ☐ Ein Feldspieler seiner Mannschaft passt den Ball zum Torwart zurück. Der darf ihn dann in die Hand nehmen.

D ☐ Der Torwart darf beim Elfmeterschießen antreten.

E ☐ Der Torwart darf den Schiedsrichter anmeckern und beleidigen, das macht nichts.

1

Freistoß! Die Spieler der gegnerischen Mannschaft müssen einen Abstand von mindestens 9,15 Metern zum Ball halten. Wie kann der Schiedsrichter in Bundesligaspielen und in internationalen Spielen dafür sorgen, dass dieser Abstand eingehalten wird?

A ☐ Er schreit die Spieler an, wenn sie weniger Abstand halten.

B ☐ Er spannt ein dünnes Seil.

C ☐ Er markiert die Positionen, indem er Schaum auf den Rasen sprüht.

2

Wie verhindern die Spieler des gegnerischen Teams beim Freistoß eine freie Schussbahn zum Tor?

A ☐ Sie stellen sich in einer Reihe auf und bilden eine Freistoßmauer.

B ☐ Sie kitzeln den Freistoßschützen, damit er den Schuss verzieht.

C ☐ Sie stellen sich direkt vor den Schützen – so trifft der nie!

3

Was ist „reklamieren"?

A ☐ Reklameplakate an die Banden zu kleben, nennt man reklamieren.

B ☐ Wenn man sich peinlich benimmt, reklamiert man sich.

C ☐ Ein Spieler kritisiert den Schiedsrichter nach einer Entscheidung. Der Spieler reklamiert.

1

Der Freistoßschütze verpasst dem Ball einen Effet und tatsächlich – Toooor! Was ist ein Effet (sprich: Effee)?

A ☐ Durch eine geschickte Schusstechnik kann man dem Ball eine Drehung verpassen, dadurch fliegt er nicht gerade, sondern in einem Bogen. Diese Drehung nennt man Effet.

B ☐ Durch eine geschickte Schusstechnik springt der Ball mehrmals auf den Boden und dann an den Gegnern vorbei ins Tor. Das Hüpfen nennt man Effet.

C ☐ Der Schütze täuscht einen Schuss mit links an, nimmt aber den rechten Fuß. Die Täuschung nennt man Effet.

2

Wann gibt der Schiedsrichter die Rote Karte? Mehrere Antworten sind richtig.

A ☐ Wenn ein Spieler einen anderen beleidigt

B ☐ Wenn ein Spieler grimmig guckt

C ☐ Wenn ein Spieler einen Salto als Torjubel macht

D ☐ Nach einem groben Foulspiel

E ☐ Wenn ein Spieler bei der Auswechslung trödelt

F ☐ Wenn ein Spieler drei Tore hintereinander geschossen hat

G ☐ Wenn ein Spieler einen anderen anspuckt

H ☐ Wenn ein Spieler einen anderen angreift

1

85. Minute. Es steht 2:1 für den FC Ballschubser. Der Trainer will Stürmer Tommi auswechseln. Der Schiedsrichter zeigt den Wechsel an und Tommi schlendert langsam zur Seitenlinie. Alle warten, Tommi schlendert weiter und die Zeit vergeht. Dann zeigt der Schiedsrichter Tommi die Gelbe Karte. Weswegen? Schreibe die Lösungsbuchstaben auf die Linie.

~~5 bis 6~~

~~2 bis 6~~

~~1; 5~~

~~1; 5~~

~~1; 2~~

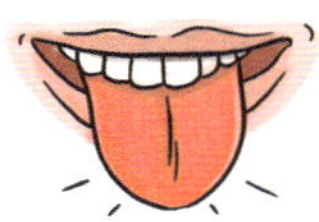

~~1; 5~~

Lösung: ______________________

1

Wenn ein Spieler so hart spielt, dass er die Verletzung eines anderen Spielers in Kauf nimmt, begeht er ein …

A ☐ grobes Foul.
B ☐ rohes Foul.
C ☐ ruppiges Foul.

2

Wie zeigt der Schiedsrichterassistent an, dass ein Ball im Aus ist?

A ☐ Er ruft: „Aus!“
B ☐ Er nimmt den Ball in die Hand und wirft ihn wieder auf den Platz.
C ☐ Er hebt die Fahne.

3

Ein Spieler hat einen anderen aus Versehen umgerempelt. Was sollte er nun machen?

A ☐ Ihm die Hand geben und ihm wieder aufhelfen
B ☐ Kichernd weiterlaufen
C ☐ Pfft – ist doch egal. Der kann allein wieder aufstehen.

1

Was ist der Goldene Schuh?

A ☐ Eine Auszeichnung für eine besonders märchenhafte Spielweise

B ☐ Eine Auszeichnung für den Spieler einer europäischen 1. Liga, der die meisten Tore der Saison erzielt hat

C ☐ Der Schuh des schönsten Spielers der Saison wird vergoldet und in einem Museum ausgestellt.

2

Wie nennt man den Spieler, der in einer Bundesligasaison die meisten Tore erzielt?

A ☐ Kicker-King

B ☐ Tollster Torschütze

C ☐ Torschützenkönig

Herzlichen Glückwunsch! Du bist jetzt Fußball-Quizblock-Königin oder Fußball-Quizblock-König. Fülle diese Urkunde für dich aus.

Lösungen

Seite 1: **1C, 2B, 3B**

Seite 2: **1C, 2A**

Seite 3:

S	P	A	N	P	F	I	F	F
P	O	K	A	L	Ü	G	Z	O
I	T	Ö	B	A	L	L	P	U
E	T	Z	S	T	O	R	A	L
L	E	H	E	V	T	I	S	A
F	R	E	I	S	T	O	S	S
E	Q	S	T	Ü	R	M	E	R
L	E	R	S	M	O	D	I	X
D	Ä	E	I	N	W	U	R	F

Seite 4: **1A, 2A, 3B**

Seite 5: **1A, 2C**

Seite 6: **3 – Mittellinie, 2 – Seitenlinie, 7 – Torlinie, 10 – Mittelkreis, 6 – Mittelpunkt, 4 – Torraum, 8 – Strafraum, 1 – Eckbereich, 9 – Elfmeterpunkt, 5 – Strafkreis**

Seite 7: **1B, 2A, 3B**

Seite 8: **1B, 2B**

Seite 9: **1C, 2A, 3C**

Seite 10: **1C, 2C**

Seite 11: **WORTART = TORWART, TIERVIERDEG = VERTEIDIGER, PELLEMITDREIFESTL = MITTELFELDSPIELER, RÜSTMER = STÜRMER**

Seite 12: **1C, 2B, 3A**

Seite 13: **1B, 2C**

Seite 14: Die ersten Fußballregeln gab es in **England.**

Seite 15: **1A, 2A, 3A**

Seite 16: **1A, 2C**

Seite 17: **B, E, F, G**

Seite 18: **1C, 2A, 3A**

Seite 19: **1A, 2B**

Seite 20: **1A, 2C, 3A**

Seite 21: **1C, 2A**

Seite 22:

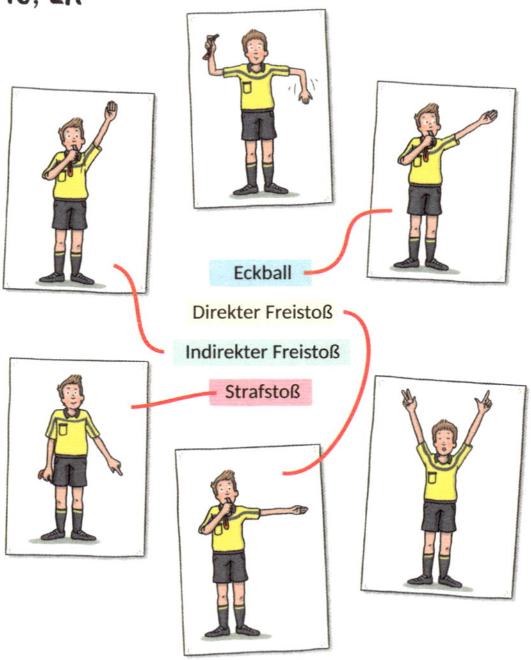

Seite 23: **1C, 2A, 3B**

Seite 24: **1A, 2C**

Seite 25: Kanada – Eishockey, Kuba – Baseball, USA – American Football, Neuseeland – Rugby, Indien – Kricket, China – Tischtennis

Seite 26: 1A, 2A, 3B

Seite 27: 1C, 2B

Seite 28: FAIR

Seite 29: 1B, 2A, 3A

Seite 30: 1C, 2A

Seite 31: zwei, elf, 90, Schiedsrichter, Gelbe, Rote, Elfmeter, Einwurf, Trainer, drei, Toren

Seite 32: 1B, 2C, 3C

Seite 33: 1 Schienbeinschoner, 2C

Seite 34: 1C, 2C, 3C

Seite 35: 1 PREMIER LEAGUE (sprich: Premier Lieg), 2C

Seite 36: 1 – Fussballschuh, 2 – Rote Karte, 3 – Pfosten, 4 – Ball, 5 – Stadion, 6 – Mannschaft, 7 – Einwurf, 8 – Torwart, 9 – Trikot, 10 – Schiedsrichter, 11 – Pokal
Lösungswort: Copa America

Seite 37: 1A, 2B, 3B

Seite 38: 1B, 2C

Seite 39: An-pfiff, Bundes-liga, Ein-wurf, Elf-meter, Ersatz-spieler, Freundschafts-spiel, Pokal-finale, Tor-wart

Seite 40: 1C, 2A, 3B

Seite 41: 1D, 2C

Seite 42:

H	I	F	K	A	M	E	R	U	N	D	I
U	A	R	G	E	N	T	I	N	I	E	N
B	R	A	S	I	L	I	E	N	S	U	P
B	Z	N	Y	T	K	N	N	U	B	T	O
I	Ü	K	W	A	L	I	G	N	X	S	R
P	G	R	Ö	L	I	G	L	F	A	C	T
S	I	E	P	I	M	E	A	U	L	H	U
E	F	I	Z	E	S	R	N	G	F	L	G
L	L	C	J	N	Q	I	D	H	I	A	A
U	I	H	O	S	P	A	N	I	E	N	L
R	P	W	H	X	Ü	N	G	U	L	D	A

Seite 43: **1C, 2A, 3B**

Seite 44: **1B, 2C**

Seite 45: **1B, 2C, 3A**

Seite 46: **1C, 2A**

Seite 47: **1C, 2B, 3C**

Seite 62: **1A, 2C, 3C**

Seite 63: **1B, 2A, 3B**

Seite 64:

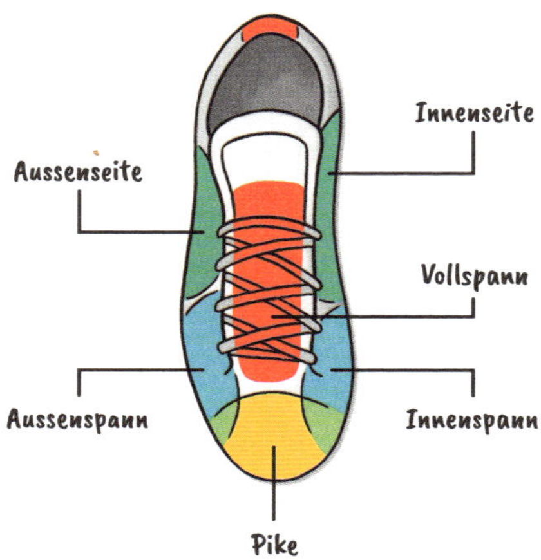

Seite 65: **1B, 2A, 3C**

Seite 66: **1A/D/F, 2C**

Seite 67: **1C, 2C, 3A**

Seite 68: **1C, 2B/C/D/F/I**

Seite 69: **1A, 2C, 3C**

Seite 70: **1B, 2B**

Seite 71:

Seite 72: **1A, 2C, 3B**

Seite 73: **1A, 2C**

Seite 74:

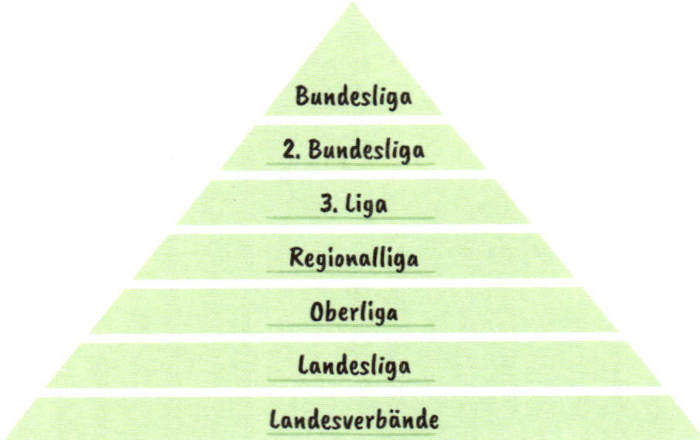

Seite 75: 1B, 2A, 3C

Seite 76: 1C, 2A

Seite 77: 1A, 2C, 3B

Seite 78: 1C, 2C

Seite 79: Aserbaidschan, Dänemark, Deutschland, England, Irland, Italien, Niederlande, Rumänien, Russland, Schottland, Spanien, Ungarn

Seite 80: 1B, 2A, 3C

Seite 81: 1C/D/F/I, 2A

Seite 82: Trainerlehrgang

Seite 83: 1B, 2B, 3A

Seite 84: 1A/C/E, 2A/B/D

Seite 85: 1C, 2A, 3C

Seite 86: 1A, 2A/D/G/H

Seite 87: SPIELVERZÖGERUNG

Seite 88: 1A, 2C, 3A

Seite 89: 1B, 2C